Treiglo

I Marian

Argraffiad cyntaf: 2017

ISBN 978-190-6396-94-7

Cyhoeddwyd gan Gyhoeddiadau Barddas.

Cyhoeddwyd gyda chymorth ariannol
Cyngor Llyfrau Cymru.

Argraffwyd gan Y Lolfa, Talybont.

Dyluniwyd gan Olwen Fowler.

TREIGLO

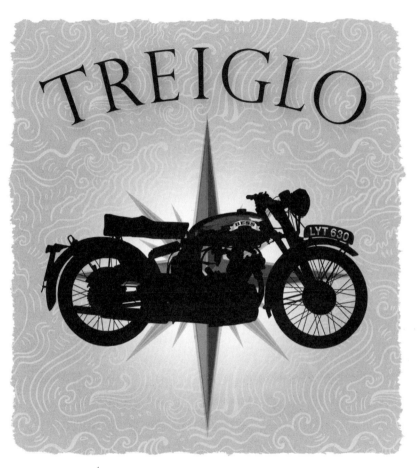

Gwyneth Lewis

Cyhoeddiadau
barddas

Cynnwys

Duw sydd noddfa a nerth i ni, cymorth
hawdd ei gael mewn cyfyngder. Am hynny
nid ofnwn, pe symudai y ddaear, a phe treiglid
y mynyddoedd i ganol y môr.

(Salm 46:1–2)

Rhagymadrodd

'O na! Nid cyfrol arall o farwnadu'n
Gymraeg? Difaru … hiraethu?'
Wel ie, a
Na.

Mae yma gorff, sef Gwilym Lewis,
Fy nhad, wedi ei dreulio'n gerddi
Ac ynddynt mae'n henwr ac yn ifanc,
Yn annwyl ac eto'n dywyll.

Cancr y geg. Ar lafar, roedd Gwil yn ufudd
I reolau gramadeg. Mae chamtreiglo
Enynnau yn arwain at phroblem 'Sain,
Gerdd a Cân' (jôc!). Un gell yn troi'n
Fwystfil Alien, yn glafoerio asid. Selah.

Pan âi Dad ar ei foto-beic, Bess, i ganlyn
Mam yn Llanddewi, roedd hewl Abergwesyn
Yn ddidarmac, bron yn rhy serth i'w hesgyn.
Bron yna! Disodlodd
Garreg fach oddi ar y brig ...
Rhowliodd honno i'r nant
Ac, fel losin dan dafod afon Gwesyn,
Rhaeadrodd lawr i ymuno
Ag Irfon ond, hyd heddiw, nid yw'r gronyn
Wedi cyrraedd môr
Diwedd amser...

Fy nhasg i am oes: chwilio'r
Aberoedd am yr un atom

Transistor Treiglo

Miss Daniel Cymraeg mewn *two-piece* brethyn
Cartref mwstard ('run lliw â'i thymer)
Yn sôn am y radio
Ym mhen pob siaradwr.
Mae'n troi'i chlust,
Fel pe bai'n fwlyn
I diwnio cyseinedd.

Rwy'n clywed gwichian
Y gorsafoedd
Yn griddfan mewn poen, yn AGOS ...
Yna'n bell ... Yna'n
AGOS eto:
Www-î, ww-î, Î-Ô.

Rhwbio Llythrennau

Treiglad Trwm,
Treiglad Ysgafn, a Threiglad Esgyn-
I'r-Llofft-at-Fatres-o-Blu-Hwyaden.
Treiglad y Mêl
Sy'n gallu arwain
At Dreigladau Gwyrthiol ...

Treiglad Llaith, Treiglad-Taith-yr-Hir-a-Chwta, Tr-
Eiglad Prifiant y Fuwch Goch Gota.

Treiglad Croch a Threiglad y Crio;
Treiglad Dant ac wedyn Dant Arall ...

Yna Treiglad Heneiddio: Treiglad Cwyno,
Treiglad Peswch, Treiglad *Ach und Weh*,
Treiglad Ust, Treiglad Tost, Treiglad Si Hei Lwli
I rywun sy 'mhell o fod yn fabi.

A'r olaf: Treiglad Anghofio Anadlu.

'Paid!'

Rwy'n pechu. Dyw Mam ddim isie i fi
Sgwennu am Dad. Dwn i ddim pam.
Ond mater o raid, i fi, yw'r cerddi.

Mae'r geiriau'n sibrwd yn sillafau clawdd,
A'r gwirionedd yn llechu o'i fewn, fel llo
Sy'n gwrthod ei eni. Fe ddylech chi, Dad,
Fod wedi f'amddiffyn.

Does dim cywilydd mewn caru dyn,
Er gwaetha'i wendidau. Rwy'n gwrthod tewi,
Sorri, Mam fach: *Sauve qui peut*.

Treigladau Tirion

Damwain

Bore o aeaf. Dad mewn cot fawr
Yn cuddio'r lle tân â phapur newyddion
Fel pe bai'r fflamau'n hoffi darllen.

Ffrimpan ei frecwast: bara saim, bara lawr,
Cig moch a sosban o laeth yn berwi
Ar gyfer coffi. Teirblwydd fusneslyd ydw i,

Wedi troi bin papur wast ar i waered
A dringo i syllu. Ond, yn sydyn:
Syrthio, palfalu, tynnu cynnwys y sosban

Ar hyd fy mraich dde. Rwy'n cofio udo
A griddfan mewn poen, ac erfyn ar Mam,
'Trowch e bant!' Ond fedre hi ddim.

Arswyd gweld y bandej gwyn
Am grafanc fy nwrn, a meddwl: 'Dyw'r fraich
Ddim yn perthyn i fi.' Unwaith, dihunais

I deimlo llaw ddierth yn fy mygu,
Mor drwm â chath ar wyneb babi.
Nawr mae'n gwrthod peidio sgwennu.

Merch, Malwoden

Gardd lysiau Dad, y chwedegau cynnar:
Mafon a mefus, pebyll o ffa,

Gwsberis, cwrens, rhesi o dato.
Bytais falwoden gyda dogn go dda

O bridd. Rhuthrodd Mam
Allan o'r tŷ: 'Ych y fi,

Yr hwch fach!' Ond beth yw malwen
Ond tafod ar daith mewn carafán?

Fel sarff, roedd hi'n blasu'r glaswellt, gro mân
Eden babandod. Y gusan gyntaf

Rhwng merch ac ymlusgiad. Yr hen, hen fargen,
A finne'n gwenu, gwlith ar fy ngên ...

Camera Bocs Brownie

Roedd yn perthyn, fel Dad,
Mewn amgueddfa, hyd yn oed
Bryd hynny.

Fi mewn pram,
Yn gwisgo het wen
Â ffrils, yn gwenu fel ffŵl –
Llygad y dydd
Yn llewyrch ei haul.

Yna'r 'darlun gore dynnes
I 'rioed,' chwedl Dad: fi, ar y mynydd
Yn ddyflwydd oed
Yn chwerthin am rywbeth –
Dwn i ddim beth,
Ond mae'n dal i fyrlymu,
Ein ffynnon ddi-feth.

'Dr Who Seat'

Ni'n tri gyda'n gilydd oedd y gadair ore.
Dad oedd y ffrâm, ni'n dwy –
Un ferch ar bob clun –
Oedd y breichiau cedyrn.
Tra bo'r Doctor yn brwydro yn erbyn y dalecs
Ein tasg oedd cosi'r gwallt byr ar war Dad.

Ar noson Glyn Cysgod Angau roedd hi'n ddigon
I gyffwrdd â'i war ag un bys i'n hatgoffa ni'n tri
O'r celficyn cariadus, ein lloches
Rhag pob anghenfil rheibus.

'Anghofiwch y sioe – cysgodion arswydus
Ar wal ein dychymyg. Bydd gan eich morynion –
DWY *assistant*! – un ar bob tu, fwy na digon
O ddewrder i drechu'r Master. Ond
Bydd yn rhaid i chi farw cyn atgyfodi.'

Mytholeg

Wyt ti'n cofio pan oedden ni'n fach,
Pan olchai Dad ein gwallt, byddai'n rhaid sefyll
Ar stôl er mwyn cael cyrraedd y basin?
Defod seboni: eneinio ein pennau
Â Vosene, y sawr fel bendith.
Yna, codi'n pennau a gweld yn y drych
Fod Dad wedi'n troi ni'n uncyrn.

Wyt ti'n cofio, wedyn, wrth fynd i'r gwely,
Cyn i Wee Willie Winkie ein cwrso lan steire,
Bod mewn gwaelod pyjamas, yn esgus llafurio
Fel Robinson Crusoe? O! 'r tuchan a'r griddfan
Wrth hollti boncyffion mewn gwres trofannol
Gyda'i fwyell, Rhagluniaeth! Yna'r gorffwys
I sychu'r chwys oddi ar ein talcennau.

Funud olaf, doedd dim posibl cysgu
Heb i ni wynto gwalltiau'n rhieni
A chael 'kiss-hug-a-smell'.
Dyna bersawr iechyd, awyr iach
Ac ieuenctid. Cyn i angel Heol Gabriel
Ein halltudio o nef yr Eglwys Newydd.

Am 'Nôl

Chwedl y *South Wales Evening Post:*
'Backwards is the right way
For Meurig (80).' Yn y llun,
Mae gŵr mewn siaced frethyn a thei
Yn eistedd ar *handles* beic, yn wynebu
Am 'nôl, er mwyn cael mynd
Yn ei flaen. Fel yntau. Rwy'n mynd
Wysg fy nghefn.

Âi Dad ar ei feic bob dydd i'r dociau.
Fe ddringen i'r rhiw i'w ddisgwyl, fi – tad
Fy nhad afradlon. Gwelwn
Fy mab yn 'dyfod o bell' a rhedwn
I'w gyfarch a maddau iddo, a lladd y llo …
Dodai Dad fi ar far y beic a hedfan
Lawr at y tŷ, ei got yn cyhwfan
Fel baner o'i ôl, yn dathlu'r aduniad
A'r olwynion odanom yn tician, tician.

Cario

Un diwrnod, cerddodd fy hen fam-gu
O Gwm Ogwr i Goety
I dŷ perthynas i mofyn
Cadair plentyn. Yn ôl Google,
Chwe pwynt chwech milltir
Ond wyth, chwedl Dad.

Roedd ganddi fabi mewn siôl
Ac un fechan yn cerdded.
Ar y ffordd 'nôl, blinodd y ferch
A bu'n rhaid ei chario.
Plethodd fraich drwy goesau'r stôl
A cherdded.

Fi yw Aeneas, yn ffoi
O goelcerth amser Caerdroea.
Rwy'n cario fy nhad ar fy nghefn,
Ac mae e, yn ei dro, yn codi'i fam-gu
Fry ac, fel acrobat mewn syrcas o Tsieina,
Mae hithau'n esgyn y mynydd o gyrff
A chelfi, yn gosod ei chadair,
Ar y brig, yn defnyddio'i bys bach i falanso
Tylwyth ei thad.

'Dyn nhw ddim
Yn drwm ond,
Fel balŵn
Maen nhw'n fy nghodi,
Rwy ar
Flaenau
'Nhraed!

Gyrru

Dyn y *scenic route*, gwrthodai briffyrdd.
Hewl Farmers o Bumsaint, mewn Ford Cortina
Ychydig yn lletach na'r lôn. Bîp! Bîp!
Ar bob cornel i adael i'r tractor dychmygol
Wybod bod y Lewisiaid yn dod. 'Dad!' cwynai Mam
Pan gnociai'r cloddiau eu dyrnau meddal
Ar ystlysau'r car i ofyn am gardod, a'r mieri'n dial
Drwy grafu'r paent wrth i'r cerbyd ddianc.

Dyma fap fy marddoni: rhuban o lôn,
Dibyn un ochor a defaid fel sêr
Ar lethrau'r olygfa. Perygl! Rhyd!
Mae nant yn y ffos, a'r gêr
Yn protestio fod yr allt yn rhy serth,
Pawb yn pwyso 'mlaen er mwyn cyrraedd y top,

'O Deio, i ble ddiflannodd yr hewl?'

Cerddoriaeth y Meistri

Ar hewl lai anturus, y radio'n chwarae
Mewn car llawn mwg pib, symudem
Mewn cwmwl tystion. Gosodai
Gwis am gyfansoddwyr clasurol. 'Pwy
Yw hwn? Y diwedd yw'r allwedd.'

Roedd Haydn yn hawdd – pom POM (saib)
Pom-di pom pom
POM! Yna Mozart siriol yn llifeirio
Cyweiriau, i gyrraedd clo
Fel cloc mecanyddol yn troi,
Clic, neu fel calon mewn cariad.

Beethoven: problem. Buodd e'n dynwared
Haydn a Mozart cyn dod ato'i hun
A gwrthod pob gorffen.

Pan oedd Gwilym yn hŷn, hoffai Classic FM.
Cyfansoddwr ei henaint? Mae cancr yn artist
Mewn cnawd, yn chwarae'i wrthbwynt
Ar nerfau. Erfyniem iddo ddiweddglo
Yn arddull Bach, llawn ffydd a rhesymeg.
Bach, noddfa hawdd ei chael i'm bach.

Min

Trowch eich pen ffordd hyn am eiliad,
Fe siafa i chi â'ch rhasal *cut-throat*,
Eich ffefryn. Brws fel palmwydden
O wlad yr Iorddonen.
Seboni – ta-da! – dyn
Â barf wen! Rwy'n agor
Y llafn o'i chragen,
Ei hogi ar dafod lleder y strap,
Fy ngarddwrn yn slac, 'nôl a 'mlaen
Fel hyn, tan fod gen i fin un atom
O drwch ar lafn
Fy llinell. Sŵn statig wrth i'r dur
Gyfrif pob blewyn a'i fedi.
Ar y radio mae'r bas Zoroastro
Yn canu am ddirgelion
Dioddef a chariad.

        Sgiliau peryglus.
Nawr at y gwddf. Dad, codwch eich gên,
Edrychwch i'm llygaid. Mae'n amser siarad. Pwy
Oeddech chi, wir? Does gen i
Ddim syniad.

Y Treiglad Haearn

Dau forwr llawen ydym
Yng nghreadigaeth Iôr,
Dieithriaid ar y ddaear,
Ein cartref yw y môr,
Ein cartref yw y môr.

Y Parch. T. C. Edwards
(*Ceinion y Gân*)

Haf Olaf

Yn wyth deg wyth, cerddai am oriau
Ganol dydd, heb het, ar hyd strydoedd
Cyncoed a Phenylan, yn dyfal graffu
Ar rif pob tŷ, pob gardd ac, am ryw reswm,

Y bin. Cerddai fel hanner
Cymhariaeth yn chwilio am ddelwedd.
Sefyll i orffwys ac yna llyncu dogn
O'r botel 'ddŵr' (llawn jin neu rỳm)

Ond heb feddwi erioed. 'Rwy'n ffeindio
Ei bod yn talu'r ffordd i anadlu.'
Es gydag e'n aml. Ym Mharc y Rhath
Gwyliem ein hunain yn y chwedegau,

Yn bwydo'r elyrch ar ôl ysgol Sul,
Ni'r merched yn gwisgo sgidie patent du
Sgleiniog. Dwy ffrog 'run peth,
A'r teits gwyn felltith dan ein peisiau

Fel coesau pengwyn. Pan oedd Lyn,
Ein cymydog, yn fachgen, dringai
Fryn Penylan i wrando ar eosiaid –
Rwy'n eu clywed nhw nawr,

Er eu bod yn absennol. A dyna
Ni'n dwy mewn dillad ysgol
Yn llusgo'n ddiegni, ling-di-long,
Ein *satchels* yn llawn o lyfrau trwm.

Etifeddiaeth

Dygwyd y Barnwr Sisamnes o flaen ei well
Am werthu cyfiawnder. Y ddedfryd: ei flingo.
Gwelais lun Gerard David ddegawdau'n ôl
Ym Mruges. Dychwelais ato dro ar ôl tro
I weld y manylion: sut gollyngwyd ei got
Ysgarlad yn bentwr dan ford,
Tra torrai'r gweithwyr y croen yn ofalus
Fel rhywrai'n agor amlen bwysig. Un yn datod
Botymau'i fest i ddangos crys isaf coch
Ei berson. Daliai un gyllell rhwng ei ddannedd
Wrth dynnu'n ofalus ar groen y goes,
Fel pe bai'n hosan ychydig rhy dynn
A chroen dyn yn rhywbeth i'w ddiosg. Dychwelais eto
Er mwyn craffu ar is-gnawd ysig y glun
Yn rhydd o rwydwaith y croen, yn noeth,
Fel llygaid y dinasyddion;
Mae ci anwes yn cosi brath chwannen
Â'i bawen; lledr meddal esgidiau'r gŵr ar y dde.

Mae Sisamnes yn griddfan, gewynnau'i wddf
Yn rhaffau o ing. Mae ei ddienyddwyr
Yn grefftwyr, yn gweithio'n araf er mwyn arbed rhwygo
Croen tenau'r cyn-farnwr. Fel tynnu brithyll o'i arfwisg.
Roedd yr aer fel drain ar friw ei gorff.

Merthyrdod henaint. Nawr rwy'n gwylio fy nhad
Yn methu cerdded, gan fod croen ei wadnau'n
Rhy denau. Rwy'n clywed am eraill
Yn fud o dan lach anwaraidd amser
Ac eto'n parhau i fyw a deall. Eraill wedi torri esgyrn,
Calon, ar goll yn fforest dementia.

Pan fu farw Sisamnes, dodwyd ei etifedd
I eistedd yng nghadair y barnwr, croen ei dad
Yn lledr odano. Bob tro y deuai deiliaid o'i flaen
Am gyfiawnder, llosgai yng nghadair ei gyfrifoldeb.

Treiglo

Daeth y cyfyngder. Treiddiodd y môr
I ganol Caerdydd, ceir fel geiriau
Ar dafod y llif. Llyfodd y tonnau
Dros y sìl ffenest, golau'n nadredd
Ar nenfwd y stafell, gwylanod
Yn udo galar, pob adain fel ael
Yn gwgu neu'n synnu. Mae'r golau'n crychu –
Talcen cawr sy'n plygu i bipo mewn
I dŷ doliau ein cartref. I ble'r aeth y mynydd,
Fy nhad? Wele: mae'n dywod ar draeth ei wely.

Dirgelwch

Ymhlith trugareddau Dad: y llyfryn bach
Lleiaf, *Geiriau Cysur*, cyhoeddiad y Scripture
Gift Mission. Casgliad o adnodau,
Rhai mewn llythrennau breision:

NAC OFNA a *DUW SYDD NODDFA*,
Wedyn *FFYDDLON YW DUW ... CYN WYNNED Â'R EIRA ...*
WELE, YN AWR, yna *DUW YW FY – .*
Arswyd yw'r thema. Dechreuais ddeall:

Ôl bysedd Dad-cu a feddalodd
Bob dalen, llwch glo
Yw'r düwch a dreiddiodd i raen y papur.
Mae'r print ddigon bras i'w ganfod tan ddaear

Yng ngolau lamp helmed, y glowyr
Fel uncyrn. Fe, David Lewis
O deulu gweinidog Moreia,
Cwm Ogwr, fu'n chwilio am gysur

Yn y tywyllwch, a'r ddaear yn griddfan,
Mynyddoedd yn symud uwchben.
Canys yn y dydd blin BWRW dy faich
Ar yr Arglwydd. Rydw i, ei ddyfodol,

Yn gosod fy mysedd ar wydr y geiriau,
Yn cyffwrdd â'i ddwylo ac rwy'n *GOFYN*,
Gydag e, ai *AGOS yw'r ARGLWYDD*
At y rhai DRYLLIEDIG O GALON?

Bob Cam o'r Ffordd

Dydd Llun, 9fed Rhagfyr, 2013
Y Bore

Addewid

Drwy'r nos, bu'n ymladd i anadlu. Daw galwad
O'r hosbis am saith y bore: mae e'n gofyn

Am 'family-assisted suicide'. Rwy'n gyrru yno.
'Dad, fedrwn ni ddim. Ond rwy'n addo,

Byddwn ni gyda chi bob cam.' Meddyliodd
Am ennyd. 'Mae hwnna'n ormod

I'w ddisgwyl.' Tridie bu wrth ei waith
Yn marw. Stryffagliodd llanw Môr Hafren

I godi pwysau ynysoedd Echni
A Rhonech oddi ar y tywod,

Fel cychod cerrig, yn barod i ddwyn
Eneidiau'r meirw i lawr, tua'r gorwel,

Heibio Ynys Wair, yng ngheg y Sianel,
Ac ymlaen, cyn belled ag Afallon.

'Fuoch Chi 'Rioed yn Morio?'

Wel do. Ond y tro cynta'
Rown i ar soffa.

Amser cael nap, ac roedd Dad
Dan flanced tartan werdd,
A finne mor fach, nes ei fod fel cromfach
O amgylch fy nghefn, ei wynt
Ar fy ngwar. Fe oedd y mast a fi
Oedd yr hwyl
Yn ein tynnu ni'n dau i'r Eil o' Man.
'Chysges i fyth. Plethwn
Fringe y flanced
A meddwl
Tan i Dad ddeffro.

Yn yr hosbis, ar ddechrau'r drysu
Ar badell ffrio'i wely,
Cododd Dad gornel y dillad gwely:
'Allet ti slipo miwn gyda fi ...'

Na. Mordaith i un yw hon.
Chi sy'n fach nawr, Dad, fel plentyn;
Mae Marian a fi'n gromfachau breision
Naill ochor i chi. Chewn ni
Ddim dod ond, fel môr-forynion,
Fe nofiwn naill ochor i'r bad, dan ganu.
'Cysgwch am bach nawr, Dad.'

Yn raddol, raddol, fe wthiwn ni
Eich cwch i'r cefnfor, tan i'r llanw droi
Ac i'r cerrynt eich tynnu'n raddol o'n gafael.

Adnod Newydd

Yn wir, yn wir, meddaf i chwi,
Dyma ddechrau'r marw: pan fo llygaid eich tad
Yn rholio i edrych lan ar y nenfwd,
Fel y bydd babi mewn stiwdio deledu
Yn dilyn symudiad y meic, sy'n haul
Mwy diddorol o lawer nag actio.

Anadlu

Nawr fod gorwedd yn waith mor galed,
Mae'n anadlu fel pe bai e'n rhedeg.
Mae sŵn yn ei frest fel canu grwndi
Cath. Neu fel coesau stôl yn crafu llawr
Llechi, tegil sy'n berwi, peiriant
Yn perco coffi, statig ar radio wrth i ni chwilio
Am raglen, môr yn sugno losin gro mân,
Mesurydd Geiger yn clywed ymbelydredd,
Drws yng ngafael y gwynt yn gwichian.

Cysgodion Hades

Daeth Bruce, nai Babs, ac Anti Nansi;
Bert Hazel (yr un oedd ei fam a'i fam-gu!). Mrs Kate
Y *lodger* nad oedd byth yn mynd allan. Mrs Foulkes
Y Corbett Arms, oedd yn derbyn cwningod
Wedi eu potsio o'r mynydd. Y ffwrn
Ar waelod Meadow St., *Devon toffee*
O siop Mrs Cross, Stryd Cae Du, Cwm Ogwr.
Yna: '*Get Father on the phone*!' Wedyn,

'Rhy hwyr, sbo, heno iti gerdded fi adre?'
A phan oedd yn aflonyddu: '*Are you
Satisfied with this bed?*' Doedd dim modd
Ei blesio, er addasu'r gwely. '*Yes,
I'm satisfied with this bed.*'
Yna: '*Put your leg under my bum.*'
'Na! Chi'n siarad rybish nawr.' '*You're
Totally useless.*' Ei eiriau olaf.

Cytuno'n llwyr. Doedd gen i ddim mwy i'w gynnig.

Am Dro

> Cyrhaeddodd Marian, meddyg personol
> Y Brenin Gwilym. Mae hi'n ei ddeall. Bob tro
> Bydd yn ymladd am wynt, mae hi'n anwesu
> Ei ben a chyfrif yn araf i ddeg, 'Dyna ni,
> Gan bwyll, does dim brys.' Mae e'n ymlacio,
> Ac er bod cynghorwyr y llys yn siglo'u pennau
> Mewn gofid, mae'r brenin a'i feddyg
> Yn cerdded yn hamddenol gyda'i gilydd
> Ar hyd terasau godidog gerddi'i
> Hoff balas ac mae'r ddau'n
> Ymddiddan, rhoi'r byd yn ei le;
> O'u hamgylch mae ffowntenni'n taflu
> Dŵr i'r golau yn ddiamwntau.

Gwyneth yn cysgu am rai oriau. Pan gododd, roedd hi wedi anghofio sut i ddarllen cloc.

I ddangos ein bod ni'n dwy wedi gwrando ar ei bregethu, fe adroddon ni'r penillion gwerin a ddysgodd ei fam-gu iddo fe:

> *Aderyn du pigfelen*
> *A ei di droso'm dâl*
> *Oddi yma i Dregolwyn,*
> *A disgyn ar y wal,*
> *A dweud wrth Mari Ifans*
> *Am beidio bod mor ffôl*
> *Â charu Twm y Teiliwr*
> *A gadael Wil ar ôl?*
>
> *O Wil – y botwm gloyw –*
> *A Mari fer ei choes*
> *Yn caru ar ben sticil*
> *Am getyn mawr o'r nos;*
> *Wil yn dwedyd rhywbeth*
> *A Mari'n dwedyd dim*
> *Ond, 'Beth a wnewn ni'r gaeaf*
> *Am fwyd i'r ceffyl gwyn?'*

MARIAN: Ti'n diall hwnna?

GWYNETH: Odw. *Ménage à trois* rhwng Mari Ifans,
            Gwilym a Twm y Teiliwr.

M: A'r aderyn?

G: Hen dechneg mewn barddoniaeth Gymraeg,
            ti'n rhoi'r neges i aderyn, y llatai. Noder statws
            proffesiynol y fwyalchen. Dyw e ddim yn
            gweithio am ddim. Neu hi. Dyw Tregolwyn,
            Bro Morgannwg, ddim yn bell o Ben-y-bont.

            Sylwer nad oes sicrwydd y bydd yr aderyn yn cytuno
            i fynd yn llatai. Dim ond gofyn y cwestiwn mae'r
            bardd, ac mae'r pennill cyntaf i gyd yn gwestiwn.

M: A oes gobaith y bydd Mari Ifans yn dilyn cyngor
            y gerdd?

G: Ers pryd mae dyn yn gallu penderfynu pwy i'w
            garu?

M: Mae'n debyg, felly, bod gyda ni sefyllfa drasig
            ar fin datblygu. Mae trais yn bosibilrwydd cryf.
            '*Team* Twm y Teiliwr' neu'n '*Team* Wil' wyt ti?

G: Twm y Teiliwr i fi bob tro, ond fy mhroblem i
            yw hwnna.

M: 'Team Gwil' ydw i.

G: Ond wele eironi. Mae'r bardd yn disgrifio Wil
        – 'steady Eddie' y gerdd – fel 'botwm gloyw',
        gwrthrych o fyd Tomos y Teiliwr. Mae hyn yn
        awgrymu nad yw Wil mor ddiflas ag y mae e'n
        ymddangos.

M: Dyrys iawn.

G: Felly, er gwaethaf plot y pennill cyntaf, gyda Twm
        y Teiliwr yn ennill calon Mari Ifans, mae'r ddelwedd
        fod Wil fel botwm yn dangos ei fod wedi meistroli
        byd crefft y teiliwr. Mae Twm yn trin botymau ond
        Wil *yw*'r botwm yn ei hanfod. Os yw trin botwm
        yn beth da, mae bod yn fotwm yn well.

M: ?

G: … Sy'n awgrymu mai at Wil bydd Mari'n troi yn
        y diwedd, gan fod datblygiad delweddau yn fwy
        pwysig mewn cerdd na stori'r digwyddiadau ar
        yr wyneb.

M: Dwyt ti ddim mor dwp ag wyt ti'n edrych.

G: Mae mwy. Gan fod Mari a Wil yn caru ar y sticil,
        fan hyn rwy'n cofio am Mam yn dŵad 'dros y
        gamfa wen'.

M: 'Â phiser ar ei phen.'

G: A glywi di'r cyfeiriad at Bedwaredd Gainc y
       Mabinogi, a Lleu Llaw Gyffes yn balanso gydag
       un goes ar gafn ac un arall ar gefn gafr, er mwyn
       i Flodeuwedd drefnu ei ladd?

M: Gafr? Cafn? Ti'n mynd yn rhy bell nawr.

G: Mae'r sticil yn lle rhwng dau gae, fel petai.
       Mae'n drothwy rhwng dwy stad o feddwl.

M: Go brin mai Blodeuwedd yw Mari. Dere 'nôl
       at y rhigwm. Mae Mari'n dwten fach.

G: Odi, ond, yn y gerdd hon, mae hi'n fwy pwysig
       na Wil, gan ein bod ni'n cael clywed ei geiriau.
       Dim ond 'dwedyd rhywbeth' mae Wil.

M: 'Beth a wnewn ni'r gaeaf / Am fwyd i'r ceffyl
       gwyn?' Ymarferol.

G: Ffawd y ferch yw poeni am y ceiniogau.
       Diau fod gan Twm y Teiliwr ddigonedd o arian
       i fwydo unrhyw geffyl, heb sôn am un gwyn.

M: Pwy sy'n ennill, 'te? Twm neu Wil?

G: Nid *ménage à trois* sydd yma ond *ménage
       à quatre*. Twm, Wil, Mari a'r ceffyl.

M: A'r mwyaf o'r rhai hyn yw'r ceffyl!
        Ti wedi anghofio'r aderyn, y prif gymeriad.

G: Bydd raid i fi wneud yn siŵr fod y gân hon yn
        archif Sain Ffagan.

M: Ie, danfon e at Roy Saer.

G: Ti'n cofio'r rhigwm am y milgi?

M: Fe fynnodd Dad ein bod ni'n cofio:

        Milgi melyn, baldwyn, brych,
        Llydan ei gefn a llyfn ei wrych.
        Wrthot ti rwy'n dweud fy nghyffes
        Tair gwaith ac fe'i henwes.

        Ateb yng nghefn y llyfr (Gol.)

        Tic tic tic y cloc.

Yr Hwyr

Mae'n nosi, ac mae ail iaith Môr Hafren
Yn cynnau: bwi'n gwarchod Cefn y Wrach –
Tair fflach bob tair eiliad, fel nerf yn fy llygad.
Mae'r dŵr yn dringo dros ei gythrwfl
Yn y Ranny Pool, hyd at Larnog, y Sili,
Ac ymlaen at y Barri.

Ci'n cyfarth, ac yn denu
Eraill i ateb: goleuadau
Watchet, Porlock a Gwlad yr Haf
Sy'n ymestyn eu breichiau aur
Tuag at longau, yn gwahodd –
'Dewch yma at eich llongddrylliad!'
Yna'n rhybuddio – 'Noli
Me tangere!' Fydd hi
Ddim yn hir nawr.

'Day Four in the Big Brother House' ac mae Gwilym yn
edrych dipyn iachach na Gwyneth a Marian. Ddoe, trodd ei
ddwylo'n las, yna'i geg, yna'i drwyn ac fe feddylion ni'n dwy:
dyma'r diwedd.

'Ti'n cofio Teeny Tiny Tears, y ddol oedd yn llefen a glychu'i napi?' Nawr Dad yw'r ddoli rydyn ni'n ei magu. Newid ei ddillad, gwlychu ei wefusau ... Sibrwd cyfrinachau, cysuro, cadw cwmni.

23.20

Ewinedd ei fysedd yn troi'n las.

23.43

Gwyneth yn ffonio Marian, dweud wrthi am ddod.

Trai

'Live to fight another day'
Oedd un o'i gynghorion.

Teimlais ei ysbryd yn cilio o'i law:
Aeth y gorchymyn at gatrawdau ei waed
I ffoi o bellafoedd ymerodraeth ei gorff, gan ildio'i aelodau
I'r barbariaid. Ond trodd yn ôl am un cip olaf
Ar feddu corff. Gwridodd ei law. Dychwelodd
I strydoedd prifddinas y galon, a chlychau pob eglwys
Yn canu cnul i groesawu'r brenin,
Er i'w fyddin gael ei threchu.

Tywydd Mawr

Gwylanod a gwylwyr y glannau'n cytuno
Bod storm ar y ffordd.
Lleuad lawn, penllanw

Yn llusgo'r dŵr
Fel cwrlid dros glustiau aberoedd.
Llifogydd heno!

Mae e'n poeri a thuchan – ei geg
Fel twll clo.
Mae'r dyfroedd yn treiglo fesul defnyn

I fae ei ysgyfaint, codi'r gwymon
Fel cudyn gwallt merch. Gwth
O gesair, fel cerrig mân ar wydr:
Y tywyllwch, fel cariad, yn ceisio dod mewn.

Nododd Gwyneth bopeth, rhag mynd yn ddwl.
Dyma'r amseriadau:

20.40

Anadlu	7 eiliad
Anadl arall	8 eiliad
Un arall	6 eiliad
Ac eto	7 eiliad

Fel amseru poenau esgor. Ond marwolaeth yw'r babi.

21.00
Ffoniodd Mam.

21.22
Agor y ffenest.

Ochenaid	9 eiliad
Anadlu	8 eiliad

Mae llanw'r pyls yn fas a chyflym.

00.02
Ffroenau'n gwelwi.

?
Sterics. Canu, gweddïo, llefen ac aros.

Dydd Iau, Rhagfyr 12fed, 2013

01.04
Cysgodd Gwyneth yn y Family Room, a Marian yn y gadair nesa at wely Dad.

08.06
Aeth Marian i gael cawod, a Gwyneth am dro ym Mharc Fictoria, lle roedd aderyn du yn canu ar gangen.

Aderyn Du Pigfelen

Ai chi yw'r aderyn
Sy'n pregethu'n y llwyn
Mor eglur a phwyllog?
Dweud popeth ddwywaith.

O *leia* ddwywaith.
A ddealloch chi'r loes
A roesoch i fi? Rwy'n talu
O hyd. Deryn du

Yn dal i draethu. Saib.
Mae'n gwrando
Am alaw
Rhiant ei gân

A chyndeidiau hwnnw,
O golfen i golfen
Drwy'r unigoleddau,
Dros ddibyn dwfn

Amser a gofod,
Lle mae mwyeilch yn gôr
A'r llygaid tywyll
Yn tasgu â sêr –

Blodau ar frigyn
Ebargofiant.
Mae'r dôn orfoleddus
Yn llifeiriant

Yn ôl ata i.
Cariad yw'r gân
Ac ynddi
Does dim argoel o gam.

Deuawd yw'r cyfan.
O f'annwyl latai,
Mae llawer mwy
I'w ddeall gen i,

Peidiwch
Tewi ...

09.14

Dychwelyd i'r stafell. Dad wedi mynd.

Treigl y Wedi Went

Celfyddyd

''Sdim isie bod yn ypsét
Pan fydda i farw.
Roedden i'n iawn
Pan ath Dad a Mam.'
'Ocê, Dad,' medde fi'n
Amheus.

Wedi ei angladd,
Dwedodd ei chwaer
Na welodd hi 'rioed
Ddyn yn wylo mor hallt
 'Nhad
Pan gollodd ei fam.

Celwyddgi, Gwilym.
Ond, diolch –
Nice try.

Paratoadau

Yn y Ffeil Pan Ddigwydd mae llyfryn am sut
I drefnu angladd. Rhestr dogfennau, tystysgrifau
Geni, Priodas (nid eto Marwolaeth).

Rhywfaint o help. Ond doedd dim
Am sut y gall wyneb eich tad
Droi'n driongl, fel penglog llwynog,
Yna'n oesol, fel un o dduwiau'r Aifft
Yn gwarchod beddrod brenin.

A Phan Ddigwyddodd, trodd dyn a fu'n ŵr,
Brawd a thad yn eilun mewn cwyr.

Y llyfr hwn yw fy Ffeil Pan Ddigwydd i.

Wedyn

Dduw Dad, edrych ar ôl Dad,
Nid fel yr oedd, ar y diwedd, yn boddi,
Ond fel mae e nawr, gyda Thi.

Anghofia'r ddol ar ôl yn y gwely:
Caiff y pwped fu'n actio rôl rhiant
Bob parch. Cyfieitha Dad i'th iaith Di.

'Chi' oedd fy nhad i ni, ond 'ti'
Ydwyt Ti – y dirgel yn glòs a'r agos
Yn ffurfiol. Gwna'n siŵr, Dduw Dàd,

Nad yw'n tâd, heb gorff, yn profi arswyd,
Nac yn llosgi dan bwysau'r sêr,
Nac yn rhynnu tu fas i amser.

Nac yn galw arnat mewn fflachiadau:
Dit dit dit da da da, rwy'n erfyn

· · · _ _ _ · · ·

Sillafu

Eich copi o *Orgraff yr Iaith Gymraeg*
Un naw dau wyth, clawr papur brown.

Llyfr sych ond, hyd yn oed yma
Rwy'n darllen fy ngholled. Fe,
Er enghraifft, yw'r anadliad caled,
'Fy nhelyn', neu 'rhyfedd',
Neu 'fy nhad' o,
Ochenaid.

Beth yw e nawr? Llafariad
Ymwthiol tafodiaith 'y Deau'? Neu
'Gytsain fud' yn llechu tu ôl i
Bob gair a ynganaf? Fe,

Fy nhreiglad
Caletaf, fy sillaf
Goll, cysgod
Aderyn gwib
Ar hyd wal
Stafell wag, fy

Sill'goll, fy
Nghollnod, fy
'
'
     fy
           '

Gwilym, Gi Da

Angladd breifat. Ie, dyma 'angladd ci',
Chwedl y crachach. O, felly? Os oes gyda chi Dduw,
Pa ots nad yw'r lle yn 'ddu
Gan bobl', nad oedd canu SATB,
Na llygadu 'Pwy sy 'ma?' Dyn dim ffys
Oedd Gwilym, dyn 'Dim gormod o siwgwr',
Fel perthynas a ddwedodd, wrth gael cynnig cacen,
'Don't give me that loshin.'

Wedi dweud hynny, ar ôl colli Rusty,
Y terier fflamgoch ('Angel pen pentan
Diawl ar ben ffordd'), aeth â chi
Dychmygol am dro ddwywaith y dydd
Am flynyddoedd (dychwelodd Rusty o'i grwydro
Â joint cig oen. Roedd Dad
Am ei gwco. Ond, ta p'un).

Sut mae posib byw mor gymhedrol
A dymuno cyn lleied? Dim pasbort, dim gwyliau.
'Ych y fi,' byddai'n dweud wrth lyncu rỳm
Capten Morgan, ei *'oh-be-joyful'*
Cymhedrol, emynau radio nos Sul.
Tlodi meddyliol? O na. Gorfoledd.

Cywiro

Mae'r ffôn yma'n mynnu cywiro'r Gymraeg
I'r Saesneg: Haia yw *Gaia* ac Annwyl-*Annoy*.
Danfon yw *dandong* a debyg-*debug*,
Canran-*cantankerous.* Dyma'r gorgywiro
Sy'n arwain at gancr. Try ifi yn *UFO* (digon gwir)
Ac, os yw dylen yn z*ylem* yn ffug-wyddoniaeth
Ein dyfodol ieithyddol, wedyn mae'r diwedd (dim newid)
Yn ddechrau, sy'n troi'n *de Grau*, a roddest
Yn *doddery* neu'n hytrach, gwall: roeddest ti ...
Ac rwy'n drysu'n lân. Mae'n *debug*
(Na! **debyg**) fod-*God* pob Annwyl-*Annoy*
Yn boendod i rywbeth sy'n mynnu camdreiglo –
Chwys-*chat*, rwy-*wry* ac mae gofyn yn *goofy,*
Fel cynganeddwr dwyieithog â'i Fai
Rhy Debyg, dyma dŷ ar y tywod
Yn toddi'n gyflym. Ymlaen! Sef:
Unlearn! Unlearn! Unlearn!

Taenu'r Llwch

Pan oedd yn forwr, hoff beth Gwilym
Oedd cysgu mewn hamoc. Drwy'r tywydd garw,

Teimlai'r llethr hir tuag at frig pob ton. Cyn
I'r llong suddo, byddai un eiliad wyrthiol

Pan hongiai'i gorff yn rhydd o'i bwysau
Mewn perffaith ysgafnder, cyn disgyn i'r cafn

Gyda dur y *destroyer* siâp haearn
Yn smwddio'r cythrwfl. Pan daenon ni'i lwch

Uwchben Cwm Ogwr ar lwybr Llangeinor,
Gyda'r defaid a'r brwyn, wedi cario pwysau

Henaint, daeth awel ddrygionus
A'i dynnu, y foment olaf, fel llen yn agor

Ar olygfa newydd, heb gwymp disgyrchiant.
A Gwilym Lewis yn hwylio bant.

Llyfr Geirfa fy Nhad

What was he reading
Bron bob gyda'r nos – almost every night?

He was *wrth fy modd* –
At his pleasure learning that *rhawn*
was – horsehair. As for his soul

Ar ddifancoll – lost in perdition? Swearing
Was By Goblin – *Myn coblyn* and prissy lout

Llabwst. My father's Welsh
Was Biblical, so, when he was dying

And asked me, '*Beth yw gwelltog?*'
We felt the shadow of the valley of death.
Gwelltog is green, as in pastures, lie down.

Theatr

Roeddech chi'n actio bod yn hen
Ac yn argyhoeddi. Er enghraifft – y tuchan

Wrth fethu â chodi o'r gadair, a finne'n
Eich tynnu i fyny – dawns roc'n'rôl;

Y cerdded am oriau, law yn llaw
Fel plant, hanner milltir yr awr.

Chwarae teg, fe studioch chi'r 'method' yn iawn,
Gyda'r wisg: siwmper enfawr, y trowsus clown

Hyd at eich ceseiliau. Buoch chi'n ymarfer syrthio
Ar lawr y gegin ond roedd torri'ch clun,

Yn fy marn i'n mynd yn rhy bell.
Roedd gwallt du'n eich siwtio chi'n well.

Ond, Dad, rown i'n gwybod mai ffug oedd y cyfan:
Y cloffni, dim dannedd a'r *dressing gown*.

'Ddwedes i ddim, ond chwarae'r gêm
Hyd y diwedd. Nawr, ry'ch chi'n esgus bod yn ddim.

Tablau Pellter a Chyflymder

Prin i fi lefen ers i chi farw,
Ond ddoe, ar y radio, fe glywes i gôr

Yn perfformio 'Jerusalem' a'ch gweld chi'n canu
Mewn gosgordd soniarus SATB:

Cerddoriaeth y nefoedd, sain sy'n eich dal
Yn ddiogel mewn harddwch, ac yn fy nghynnal

I grio o'r diwedd, wylo fel ffŵl
Tra 'mod i'n gyrru rhwng pentre Angle

A Phenfro. Rwy'n eich dychmygu chi yn eich gŵn
Gwyn, fel Wee Willie Winkie, mas o diwn,

Ond yn hollol gytsain, neu fel lili wen fach
Lawn direidi yng ngaeaf eich gwaed.

Does dim tristwch i'w gael, dim ond pleser:
Mae hyd yn oed Mam yn canu'n y nef!

'Welsh Not'

Doctor, mae rhywbeth yn pwyso ar fy mrest.
'Dechrau'r tristwch yw hwnna, ferch.'

Doctor? Rwy'n cael anhawster anadlu.
'Dyna gychwyn ar waith galaru.

Dim rhyfedd fod eich llwnc yn gwneud dolur.'
Mae colli tad fel llyncu dur

A methu'i dreulio. Neu fel cario
Hysbysfwrdd ac atlas anialwch arno,

Neu fel hambwrdd trwm, dau ddarn o bren
O gylch fy ngwddf ar ddiwedd prynhawn;

Fe basiodd e'r arwydd ymlaen wrth ddarfod
A thewi. Mae 'nghrasfa i i ddod.

Treftadaeth

Rwy'n gweld eich eisiau.

Dwy flynedd a hanner ers i chi fynd
Ac fe symudon ni i'ch tŷ chi a Mam.
Rwy'n edrych allan dros ddinas Caerdydd
Ac yn gweld beth welsoch chi'n feunyddiol: piod
Yn cecru yn y coed ... ardal Cathays ... y porthladd ...
A'r ddwy ynys fel llongau o graig yn y cefnfor,
Yn taenu eu peisiau les yn y dŵr.

Bywyd, anobaith. Yn yr eglwys neithiwr,
Y ffordd i Emaus oedd y stori: yr Iesu
Yn incognito wedi marw, yn cydgerdded
Gyda'r disgyblion nad oeddent yn ei adnabod.
Hynny yw, tan y swper ...

Mae cenhedlaeth yr hen gyfieithiadau
Yn prysur ddiflannu. Yr 'ymgomio', y 'myned' a'r
'Digwyddasent'. Beth dorrodd fy nghalon
Wrth i chi farw oedd y troi at y Saesneg a chithe
Wedi coleddu Cymraeg Charles Williams,
Diwygiad Cwm Ogwr, mor ofalus.

'Sdim ots. Anghofioch chi Eisteddfod Cricieth,
Aros mewn B&B ar lan môr,
Rown i'n cystadlu ar yr adrodd a'r testun:
Y Daith i Emaus, Efengyl Sant Luc. Y foment
Y bendithiodd Crist y bara a'i dorri
'Adnabuasant ef'. Bob amser, digwyddai rhywbeth
Yr eiliad honno, fel canu'r gloch mewn offeren,
Gan awgrymu fod Duw yn nesáu. 'Run foment â honno
Yng nghampwaith Caravaggio
Pan fo Crist, wrth y ford, yn lledu ei freichiau
Gan agor dimensiwn yn rhith y darlun
I gyfeiriad newydd – i mewn i'r dyfnder,
Ei law chwith yn enfawr, a'r llaw dde fach
Yn ymestyn yn ôl at hanes Moses
Ac ymlaen at drechu angau yn uffern.

Wedi'r cystadlu, taith i'r Lôn Goed;
Y pedwar ohonon ni'n cydgerdded
Ar hyd y persbectif atgyfodedig,
Pawb yn ifanc ac yn fwy tenau
Yn nillad dirodres y saithdegau.
Awel y môr yn plygu'r coed ffawydd
Yn llinellau oedd yn ymestyn i'r pellterau

A dyna lle ry'n ni'n dal i gerdded,
Yn nhes Awst, i sgrechian y gwenoliaid.
Mae dwy ar dir y byw o hyd, heb gyrraedd
Ebargofiant eto, ond ry'n ni fel teulu'n
Dal heb fesur pen llinyn cariad

Cydnabyddiaethau

Ymddangosodd rhai o'r cerddi hyn yn *Barddas*, *O'r Pedwar Gwynt*, *Poetry Wales*, *Taliesin* (rhifyn 156, Gaeaf 2015, 'Etifeddiaeth'/'Henaint') a *Tradewinds*.

Bu'r Prifardd Dafydd John Pritchard yn ddigon caredig i fwrw golwg dros y gyfrol a gwneud awgrymiadau gwerthfawr.

Mae fy nyled yn fawr i Elena Gruffudd am ei ffydd yn fy ngwaith a'i gofal ac i Huw Meirion Edwards am ei awgrymiadau manwl gywir. Mae'r 'gwallau iaith' yn y cerddi hyn (os yw'r fath beth yn bod) yn rhan o'r ymdrech i gyfleu tinc Cymraeg llafar ein teulu ni.

Dymuna'r awdur ddiolch i Llenyddiaeth Cymru am ddyfarnu Ysgoloriaeth i Awduron er mwyn datblygu'r gyfrol hon.

Yr ateb i bos y milgi ar dudalen 46 yw: ac.